St. Cosmas und Damian
Ev. luth. Kirche
Immenrode

Heinz D. Rasch

Impressum:

Copyright © 2014 Heinz D. Rasch

Verlag: Bacarasoft
Bad Harzburg, bacarasoft.de
ISBN: 978-3-945222-13-3

Die Deutsche Nationalbibliothek verzeichnet diese Publikation in der Deutschen Nationalbibliografie; detaillierte bibliografische Daten sind im Internet über

http://dnb.ddb.de abrufbar.

Fotos: Dieter Nagel, Ekkehard Hasse, Heinz D. Rasch
Mitarbeit: Rolf Behrens, Ekkehard Hasse, Dagmar Mönnecke-Koroma
Quelle: Manfred Watzlawik: Kirche Immenrode - Baugeschichte, in Festzeitschrift zum Kirchenjubiläum 1980

11./12. Jh.	**Vorgängerbau aus Holz, Turm aus Bruchsteinen, Kirchenschiff aus Stein erbaut.**		Fachwerkanbau erhöht, Dachreiter im östlichen Giebelteil, viereckige Fenster werden Rundbogenfenster, Tür an Südseite des Turmes, Vorbau am Südeingang entfernt, Ostseite: fünfseitige Apsis u. Sakristeianbau, Neugestaltung von Kanzel und Altar, Vergrößerung der Deckenwölbung
1086	Immenrode urkundlich erwähnt		
1580/81	**Umbau und Ausbau von Turm (Satteldach), Kirchenschiff und Apsis**		
1691	**Einbau von zwei Glocken im Turm**	1907	Umgießen der kleinen Glocke
1715	Renovierung unter Pastor Trumpf	1915	Einbau der heutigen Turmuhr
1739	**Abriss der Apsis, Verlängerung des Kirchenschiffes (Fachwerkanbau), kleiner Vorbau an der Südseite, sogenannter Kanzelaltar errichtet**		-Abgabe von Glocken in beiden Weltkriegen-
		1928	Blitzschlag erfordert Reparaturen
		1951	spätgotisches Kruzifix wird gefunden bei Kirchenreinigung, Kirchendach erneuert
1756	**Umbau des Turmdaches. jetzige Turmspitze, Knauf und Wetterfahne. Turmuhr ohne Zifferblatt (tägliches Aufziehen des Uhrwerks)**	1953	Entfernung einer Empore
		1954	Einweihung einer Glocke (2 Inschriften)
1800	Ausbesserung von Putzschäden, weißer Putz auf Bruchsteinmauer	1960	Nordseite des Kirchenschiffes gedeckt grundlegende Renovierungen (Deckenerneuerung), Taufstein
1806	Austausch der morschen Stange der Wetterfahne		
1833	erneuter Austausch von Stange und Wetterfahne Neuguss der großen Glocke „Constantia"	1969	eichener Altartisch
1864/65	neue Orgel, an der Westseite die 2 Emporen umgebaut u. erweitert, Ziegeleindeckung des Kirchenschiffes	2008	umfangreiche Innenrenovierung
		2011	Öffnung der zugemauerten Fenster an der Nordseite
1894	**grundlegende Erneuerung, Kirche erhält heutiges Aussehen.**		

St. Cosmas und Damian

Baugeschichte der Kirche in Immenrode

Ex oriente lux. Aus dem Osten kommt das Licht, das Gute, das Christentum. Der Chorraum ist nach Osten gerichtet.
Links steht die Lutherlinde, gepflanzt 1917.

Inschrift am Turm:
„HAEC TURRIS, RUINAM MINITANS, RENOVATA 1715 TUL POSTORATU G.C. TRUMPF"
(Dieser Turm, eine bedrohte Ruine, wurde 1715 durch Pastor G.C. Trumpf renoviert.)

Wetterfahne und Knauf von 1756
Knauf 1986 geöffnet und erneut gefüllt

Ansichten von Turmuhr und Fenster

Eingang an der Südseite (im neoromanischen Stil von 1894)

Grabsteine

Apsis mit gotischem Kreuz an der Decke

Altaraufssatz im gotischen Stil aus dem 19. Jahrhundert

Kruzifix aus der 2. Hälfte des 15. Jahrhunderts

Kirchenschiff mit Orgel
An der Empore das KFS-Logo

Patene (neu) und Kelch von 1717

Kollekte am Ausgang der Kirche

Grabtafel für den Sohn des Pastors Salder
(Alter des Sohnes: 15 Wochen u. 4 Tage)

Grabtafel für Pastor Paul Salder, verstorben 1661, errichtet durch seine Witwe

MEIN CHRIST,

WENN DIRS GEFÄLLIG IST,
LIES ODER LASS DIR LESEN,
WER PFARRER HIER GEWESEN.
NACHDEM HERR TRUMPF FAST VIERZIG JAHR GEPREDIGT, AUCH KIRCHEN-, SCHUL-, UND WITTUMS-BAU ERLEDIGT. ES FOLGTE IHM ZUERST **ANDREAS RÖVER** AUS OSTERWIECK - ER WAR EIN HERR MAGISTER, DER AUCH SEIN HEILIG AMT MIT EIFER TRIEB UND VIERUNDREISSIG JAHR DARIN VERBLIEB.
AUGUSTUS LANDSBERG FOLGTE DANN IHM NACH, DEM ÜBER FÜNFZIG JAHR DAS AMT OBLAG. EINTAUSEDNACHTHUNDERTDREISSIGSIEBEN HAT MAN AUF SEINEN LEICHENSTEIN GESCHRIEBEN. DAS LETZTE VIERTEL NOCH IM SELBEN JAHR HERR **EDUARD CRUSIUS** HIER PASTOR WAR, DER DIE GESCHICHTE DER STADT GOSLAR SCHRIEB UND VIERUNDZWANZIG JAHR DAS WORT NOCH TRIEB.
SCHIMMEYER HAT DANN DIESEN DIENST VERWALTET NEUN JAHRE FAST, ALS PLÖTZLICH ER ERKALTET. WIE ER, SO SEIN SUCESSOR **AUGUST** HIESS UND VOIGT DAZU, DER DIESEN ORT NICHT LIESS. BIS IN DEM JAHR, DAS DIE DREI ACHTEN PREIST. AM ZWANZIGSTEN APRIL ENTWICH SEIN GEIST. IM NÄCHSTEN JAHRE, ERST IM MOND OKTOBER WARD DIESES ORTES PREDIGER **RUDOLF BÖHMER**.
ER WIRKTE HIER NOCH TREULICH ZWEI JAHRZEHNTE, BIS ER ZULETZT SICH NACH DER RUHE SEHNTE.
DIES HAUS ZU SEINER ZEIT AUFS NEU ERSTAND. AN SEINER STATT ZUM PASTOR WARD ERNANNT, DER DIES DEN ANDERN ZUM GEDÄCHTNIS SCHRIEB UND BIS AUF DIESE STUNDE HIER VERBLIEB.
DES HERRN WORT ALLEN BLEIBT OHNE ZEIT -
IN EWIGKEIT!

IM JUBELJAHR 1912

**PASTOR
ERICH SEIDENSTICKER**

Der letzte lederne „Klingelbeutel", ausgestellt im Turm

Blick in die Turmspitze

Uhrwerk der ersten Turmuhr von 1756, ohne Ziffernblatt, schlug nur die Stunden

Detail des Weule-Uhrwerks von 1914/15, heute noch in Betrieb

Pendel des Weule-Uhrwerks

Große Glocke mit den Inschriften: „Ehre sei Gott in der Höhe und Frieden auf Erden."
und
„Selig, die da Leid tragen, denn sie sollen getröstet werden."

Südfenster des Turms

Nordfenster im Turm (2010 geöffnet)